唐代诗风的开创者——初唐四杰

◎ 主编 金开诚

◎ 编著 尹艳华

吉林出版集团有限责任公司

吉林文史出版社

**图书在版编目（CIP）数据**

唐代诗风的开创者——初唐四杰 / 尹艳华编著 . 一
长春: 吉林出版集团有限责任公司，2011.4（2022.1重印）
ISBN 978-7-5463-4993-0

Ⅰ.①唐… Ⅱ.①尹… Ⅲ.①初唐四杰－人物研究
Ⅳ.① K825.6

中国版本图书馆 CIP 数据核字（2011）第 053408 号

# 唐代诗风的开创者——初唐四杰

TANGDAI SHIFENG DE KAICHUANGZHE CHUTANG SIJIE

主编/ 金开诚 编著/尹艳华

项目负责/崔博华 责任编辑/崔博华 许多娇

责任校对/许多娇 装帧设计/李岩冰 刘冬梅

出版发行/吉林文史出版社 吉林出版集团有限责任公司

地址/长春市人民大街4646号 邮编/130021

电话/0431-86037503 传真/0431-86037589

印刷/三河市金兆印刷装订有限公司

版次/2011 年 4 月第 1 版　2022 年 1 月第 5 次印刷

开本/640mm×920mm 1/16

印张/9 字数/30千

书号/ISBN 978-7-5463-4993-0

定价/34.80元

# 前　言

　　文化是一种社会现象，是人类物质文明和精神文明有机融合的产物；同时又是一种历史现象，是社会的历史沉积。当今世界，随着经济全球化进程的加快，人们也越来越重视本民族的文化。我们只有加强对本民族文化的继承和创新，才能更好地弘扬民族精神，增强民族凝聚力。历史经验告诉我们，任何一个民族要想屹立于世界民族之林，必须具有自尊、自信、自强的民族意识。文化是维系一个民族生存和发展的强大动力。一个民族的存在依赖文化，文化的解体就是一个民族的消亡。

　　随着我国综合国力的日益强大，广大民众对重塑民族自尊心和自豪感的愿望日益迫切。作为民族大家庭中的一员，将源远流长、博大精深的中国文化继承并传播给广大群众，特别是青年一代，是我们出版人义不容辞的责任。

　　本套丛书是由吉林文史出版社和吉林出版集团有限责任公司组织国内知名专家学者编写的一套旨在传播中华五千年优秀传统文化，提高全民文化修养的大型知识读本。该书在深入挖掘和整理中华优秀传统文化成果的同时，结合社会发展，注入了时代精神。书中优美生动的文字、简明通俗的语言、图文并茂的形式，把中国文化中的物态文化、制度文化、行为文化、精神文化等知识要点全面展示给读者。点点滴滴的文化知识仿佛颗颗繁星，组成了灿烂辉煌的中国文化的天穹。

　　希望本书能为弘扬中华五千年优秀传统文化、增强各民族团结、构建社会主义和谐社会尽一份绵薄之力，也坚信我们的中华民族一定能够早日实现伟大复兴！

# 目录

# 一、初唐四杰概述

古典诗歌发展到唐代，进入了创作的高峰期，仅《全唐诗》所收录的诗词作品就达四万八千九百多首，诗人二千二百余人，共计九百卷。在这浩繁诗卷中，享有盛名的大诗人如璀璨繁星，光芒四溢，充分展现了盛唐文化的繁荣景象。唐代多种风格的诗词或流派宛如盛开的百花园，无论是题材、内容还是诗词体制，都表现了我国诗歌在创作上已经全面成

熟，展示了盛唐文化与盛唐政治、经济的交相辉映，正可谓盛世空前。

## （一）初唐四杰兴起的时代背景

从唐高祖武德元年到唐睿宗延和元年（618—712年）这一阶段。唐诗首先大胆突破了六朝后期诗作大多束缚于玄言、山水、宫体，或抒写个人失意苦闷的狭小范围，开始探索社会深层阶级矛盾，反映王朝政事、民族矛盾及地方战乱，

折射了该时代边疆各少数民族的风俗，
都市生活同田园风光，以及礼教、门第、
爱情、婚姻等情况，其涵概之广、表现之
深，前所未有。特别是封建经济和政治
的伟大变革，把庶族寒门推到历史前台，
使其成为政治生活最积极、最活跃的力
量，也成为唐诗的主要创作群体。同时唐
诗的繁荣同该时代社会思想解放关系密
切。唐代统治者对意识形态的控制相对
宽松，对儒、释、道各派思想兼容并蓄，
甚至有时还允许和鼓励官僚和士绅们对

时政展开批评，这对于解除时人的思想束缚、促进诗歌创作的自由发挥，起到了积极的推动作用。

## （二）初唐四杰的主要历史贡献

王勃、骆宾王、杨炯、卢照邻等是初唐中后期很有才华的诗文作家。四人才名早享，在青少年时代既获"四杰"美誉。

"初唐四杰"对唐诗的贡献主要有两方面：首先，他们是勇于改革齐梁浮艳诗风的先驱。唐太宗喜爱宫体诗，所写的诗作带有较明显的齐梁宫体诗的痕迹。大臣上官仪秉承陈、隋的遗风，风靡一时，朝廷上下争相效法，时称"上官体"。然而就在这齐梁形式主义诗风占统治地位，唐诗创作即将走上歧路之时，王勃首先起来反对，其他三人也随之响应，他们一起勇敢地投入到反对"上官体"的诗歌

创作活动中来，把诗歌从狭隘的宫廷中解放出来，还给了市井，使其为民众所喜闻乐见。

其次，四杰为五言律诗的进一步发展奠定了基础，使七言古诗发展成熟。五言律诗在四杰前已经出现，如初唐诗人王勃的叔祖王绩等就曾作过努力，但作品不多。到了四杰之时，五律的创作形式得到了充分发挥，并且在其作品中逐渐得到固定。五言古诗在三国时期以后盛极一时，而七言古诗却在唐代得以发展成熟。四杰以大量的优秀诗作将七言古诗推向了成熟阶段。

## （三）初唐四杰主要代表作品及名次

主要代表作品：王勃的《滕王阁序》《送杜少府之任蜀州》和著作《王子安集》；杨炯的《从军行》；卢照邻的《长安

古意》《卢升之集》《幽忧子集》等；骆宾王的《咏鹅》《在狱咏蝉》《于易水送人》及著名的《讨武曌檄》等，作品集《临海集》等。

有关四杰名次，记载不一。宋之问《祭杜学士审言文》说："复有王杨卢骆"，并以此次序最早论列了四人。而张说《赠太尉裴公神道碑》则记载有"在选曹，见骆宾王、卢照邻、王勃、杨炯"，则以骆宾王为首。大诗人杜甫在诗词界影响巨大，其《戏为六绝句》曾有"王杨卢骆当时体"的著名诗句。尽管后来他也曾有"杨王卢骆"的评价，但前一个评价对后世诗词界判定四杰的名次影响巨大。所以，尽管《旧唐书·裴行俭传》一度亦以杨王卢骆为序，但到了《旧唐书·杨炯传》则说："杨炯与王勃、卢照邻、骆宾王以文诗齐名，海内称为王杨卢骆，亦号为'四杰'。"杜甫的评价终成影响后

世对四杰名次定论的根据。

## （四）初唐四杰的各自特点及历史局限性

杨炯《王勃集序》反映王勃明确反对当时"上官体""思革其弊"的果敢行动，并得到卢照邻等人的大力支持。卢、骆的七言歌行趋向辞赋化，气势稍壮；而王、杨的五言律绝开始逐步规范化，音调铿锵得体。显然他们在唐初的各体诗歌上已经各显千秋，其诗风的犀利和清新得到世人的肯定。四杰的诗文虽已初步扭转文学风气，但其局限性还在于并未彻底脱离齐梁以来绮丽余习。

# 二、王勃的诗词创作概况

## （一）王勃的家庭出身及历史背景

王勃，字子安，绛州龙门（今山西河津）人，曾任虢州参军。青春年少时，心高气傲的他写下骈文《滕王阁序》，堪称我国古典文学中的重要名篇。据说他写文章之前，把笔墨纸砚准备好，然后一挥而就，不改一字，时人称为"腹稿"。他的诗清新自然，如有名的"落霞与孤鹜齐飞，

秋水共长天一色"等就有如奇花异草，点缀在诗歌幽静而清新的峡谷中，令人百读不厌。

王勃祖父王通为隋末著名学者，号文中子，其父王福畤曾历任太常博士、雍州司功等职。王勃才华早露，未成年即被司刑太常伯刘祥道赞为神童，向朝廷表荐，被授朝散郎。乾封初（666年）王勃为沛王李贤征为王府侍读，两年后因戏作《檄英王鸡》文，被高宗怒逐出府，随即出游巴蜀。咸亨三年（672年）王勃补虢州参军，又因擅杀官奴当诛，遇赦除名，其父亦受累贬为交趾令。上元二年（675年），

王勃南下交趾探父，渡海时连带家中七
人不幸溺水，惊悸而死，年仅28岁。

## （二）王勃的代表作品

王勃生活在唐高宗时期。这时期的
唐王朝经过"贞观之治"和"永徽之治"，
政治上逐步安定，经济上逐步繁荣。但

是，包括诗歌在内的文学发展往往落后于社会现实。"上官体"正占领着初唐的诗坛。王勃自觉承担改革诗风的重任，他在23岁时作的《上吏部裴侍郎启》中疾呼："天下之文，靡不坏矣。"同时，王勃推崇两汉、魏、宋的诗风，对齐梁诗风持菲薄的态度。他不仅呼吁要改变诗风，而且还身体力行，把诗歌的内容从台阁移向了江山，并且面对诸多社会问题，抒发强烈思想情感，使自己的诗作显露出积极向上的精神风貌。《滕王阁诗序》尤其写得气势雄放，是一篇绝世之笔。

## 滕王阁诗序

　　豫章故郡，洪都新府。星分翼轸，地接衡庐。襟三江而带五湖，控蛮荆而引瓯越。物华天宝，龙光射牛斗之墟；人杰地灵，徐孺下陈蕃之榻。雄州雾列，俊采星驰，台隍枕夷夏之交，宾主尽东南之美。都督阎公之雅望，棨戟遥临；宇文新州之懿范，襜帷暂驻。十旬休假，胜友如云；千里逢迎，高朋满座。腾蛟起凤，孟学士之词宗；紫电青霜，王将军之武库。家君作宰，路出名区；童子何知，躬逢胜饯。

　　时维九月，序属三秋。潦水尽而寒潭

清，烟光凝而暮山紫。俨骖騑于上路，访风景于崇阿。临帝子之长洲，得先人之旧馆。层台耸翠，上出重霄；飞阁流丹，下临无地。鹤汀凫渚，穷岛屿之萦回；桂殿兰宫，列冈峦之体势。

披绣闼，俯雕甍，山原旷其盈视，川泽纡其骇瞩。闾阎扑地，钟鸣鼎食之家；舸舰迷津，青雀黄龙之舳。云销雨霁，彩彻区明。落霞与孤鹜齐飞，秋水共长天一色。渔舟唱晚，响穷彭蠡之滨；雁阵惊寒，声断衡

阳之浦。

遥襟甫畅，逸兴遄飞。爽籁发而清风生，纤歌凝而白云遏。睢园绿竹，气凌彭泽之樽；邺水朱华，光照临川之笔。四美具，二难并。穷睇眄于中天，极娱游于暇日。天高地迥，觉宇宙之无穷；兴尽悲来，识盈虚之有数。望长安于日下，目吴会于云间。地势极而南溟深，天柱高而北辰远。关山难越，谁悲失路之人？萍水相逢，尽是他乡之客。怀帝阍而不见，奉宣室以何年？

嗟乎! 时运不济, 命运多舛。冯唐易老, 李广难封。屈贾谊于长沙, 非无圣主; 窜梁鸿于海曲, 岂乏明时? 所赖君子安贫, 达人知命。老当益壮, 宁移白首之心? 穷且益坚, 不坠青云之志。酌贪泉而觉爽, 处涸辙以犹欢。北海虽赊, 扶摇可接; 东隅已逝, 桑榆非晚。孟尝高洁, 空余报国之情; 阮籍猖狂, 岂效穷途之哭!

勃, 三尺微命, 一介书生。无路请缨, 等终军之弱冠; 有怀投笔, 慕宗悫之长风。舍簪笏于百龄, 奉晨昏于万里。非谢家之宝树, 接孟氏之芳邻。他日趋庭, 叨陪鲤对; 今兹捧袂, 喜托龙门。杨意不逢, 抚凌云而自惜; 钟期既遇, 奏流水以何惭?

呜呼！胜地不常，盛筵难再。兰亭已矣，梓泽丘墟。临别赠言，幸承恩于伟饯；登高作赋，是所望于群公。敢竭鄙诚，恭疏短引。一言均赋，四韵俱成。请洒潘江，各倾陆海云尔！

滕王高阁临江渚，佩玉鸣鸾罢歌舞。

画栋朝飞南浦云，珠帘暮卷西山雨。

闲云潭影日悠悠，物换星移几度秋。

阁中帝子今何在？槛外长江空自流。

文中作者先写时令——时、序；再续秋景——潦水、烟光；再到人——俨骖𬴂、访风景、临、得；然后写滕王阁建筑的高——层峦、飞阁；最后写滕王阁周围的自然环境——鹤汀凫渚、桂殿兰宫。

序后诗显然是该序的高度浓缩和阐发。首联写滕王阁的位置和现状，颈联则交代滕王去后滕王阁的冷落。

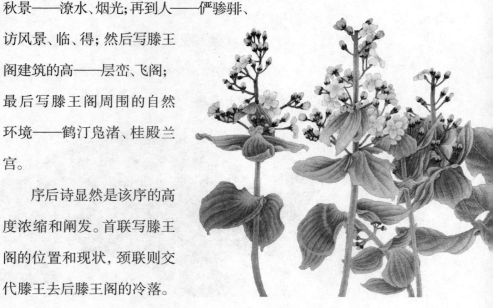

三联则写"闲云潭影日悠悠,物换星移几度秋",作者对可爱的"闲云""潭影"作以无限赞赏,然而在赞赏之余,诗人似乎又不免感叹万物好景不长,荣华易逝。尾联则表现作者沉郁难解的感情和愤事而不平的心境。这里既有对历史变迁、时光易逝的慨叹,也包含着对自己怀才不遇的极大愤懑之情。但诗中没流露出诗人过多的悲观之情,诗人所抒发的年华易逝、怀才不遇之感叹,实为作者极欲创造新生和期盼自己有所作为的心声。

滕王阁位于江西南昌西北,赣江东岸,与湖南岳阳楼、湖北黄鹤楼并称江南三大名楼。公元653年李渊第二十二子、

太宗李世民之弟滕王李元婴任洪州都督时所建。唐高宗上元二年（675年）恰逢九九重阳登高佳节，都督阎伯屿携文武官员欢宴于滕王阁。王勃因赴交趾省亲探父，乘船路过马当（今彭泽县）遇阻，后竟借风力相助，日行七百里到达南昌，恰逢受邀参加阎都督为滕王阁重修竣工所设盛宴。酒兴正酣，阎都督邀请诸位嘉宾行文赋诗以纪盛宴之况。其实阎公内心极想让略具诗名的女婿孟学士好生展露一番，而且孟学士也早已准备妥当，只等阎公吩咐便要当众吟咏，所以此刻在座所邀诸公均心知肚明，阎公所让之处都再三谦让，不肯表现。但让至末座王勃时，王勃不明其中原委，踌躇一下便应允了，一时令得满座愕然。逢此千载盛宴，只见王勃端坐于书案之上，神情凝注，手拈墨碇缓慢研磨。众宾见王勃如此不紧不慢，等待中似乎又有些看笑话的劲头，于是纷纷登阁赏景只等小吏随

时通报。许久,小吏来报第一句"豫章故郡,洪都新府",阎都督听后仍觉此乃老生常谈,平淡无奇;稍又隔时许,小吏又报"星分翼轸,地接衡庐",阎都督此际则默不言语;最后小吏又报"落霞与孤鹜齐飞,秋水共长天一色",阎都督听罢称赞此乃天才之笔,急忙令众人返阁开怀畅饮,尽欢而散。此次盛宴,因这段佳话而名垂中国文史。

可想王勃在阎某提议之初,尽管有人称他此举不谙事故。然王勃就是在遭到无情贬斥之时,在这当朝名流官僚士人盛会之所,来番成事在胸的"激愤"一博。这种无我的举动,恰恰奠定了这一诗文格调高昂、气势雄放、新颖健康的基调。

从诗坛的地位来看,王勃位居四杰之首,在诗文的造诣上则更胜骆宾王一筹。人们所广为传颂的佳作为其一文一

诗。文即《滕王阁序》，而诗则为诗人流
落长安时期所作《送杜少府之任蜀州》：

> 城阙辅三秦，风烟望五津。
>
> 与君离别意，同是宦游人。
>
> 海内存知己，天涯若比邻。
>
> 无为在歧路，儿女共沾巾。

　　大抵话别知己，都好吟咏抒发离别
之愁绪。但王勃的这首送别诗，虽有惜别
之意，却意境广阔，气势豪迈，以"海内
存知己，天涯若比邻"来表达朋友分别虽
然天各一方，但不必悲伤的乐观精神。王
勃的祖父王通乃隋朝末年大儒，据说房
玄龄、杜如晦等人在入相前都曾师从
于他；叔祖王绩也是闻名遐迩的山
水诗人。少年王勃似乎更显天资聪
颖，6岁善文辞，9岁读颜师古注《汉
书》，作《汉书指瑕》。9岁的孩子，不仅能
读古书，且能写得《汉书指瑕》这
样的文章，直指当年硕儒颜师古关
于注解中的错谬之处，这在当时，不啻

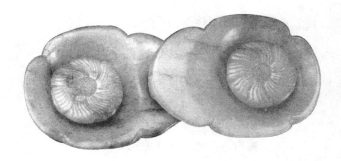

石破天惊之举，被视为"神童"。王勃17
岁时被授为朝散郎。沛王李贤听说王勃
奇才，几次派人邀约，将他招入到府中，
聘为修撰，专门负责编书草文。

《送杜少府之任蜀州》是王勃初仕
于长安时的作品，格调高昂，情感浓烈，
充满着青春勃发的活力。"海内存知己，
天涯若比邻"更是世代相传的历史佳
句。

首联"城阙辅三秦，风烟望五津"点
出送别地点长安，友人赴任地方西川。从
繁华的京都向西南方远望，只看烟尘雾
霭迷漫，引人遐想。在"风烟"后"五津"
前置一"望"字，字里行间使句势流走得

气韵流长。

颔联"与君离别意，同是宦游人"描写了挚友间的依依惜别之情。诗人向朋友倾诉说："我心中的苦涩和你一样。可我们都是漂泊在外求功名的人，岂能不四处游走呢！"

颈联"海内存知己，天涯若比邻"气势宏放，赞颂了人间坚不可摧的友谊。知音者心相通，千山万水难阻拦。这极其富哲理的深情诗句，闪烁着永不磨灭的光辉，使诗人与挚友间的感情得到升华，引起世人的共鸣。这首诗既化用曹植《赠白马王彪》诗"丈夫志四海，万里犹比邻"

而出，但更流畅更大气。

尾联"无为在歧路，儿女共沾巾"，是说诗人在临别之际，岂应带有儿女私情，哭啼不止，非男子汉大丈夫所为！"共沾巾"三字则深刻表示出双方感情的深厚，难以割舍。

这首五言律诗，平仄协调，对仗工稳。颔联采用流水宽对，更显自然洒脱。全篇句句叙事，而又句句带情。诗人以朴实、精练的语言，表达出真实、自然、亲切、豪爽的感情。

除了歌颂功业抱负之作外，诗人另一首离别之作也颇具特色。如：

### 别薛华

送送多穷路，遑遑独问津。

悲凉千里道，凄断百年身。

心事同漂泊，生涯共苦辛。

无论去与住，俱是梦中人。

唐乾封元年（666年），王

勃17岁，进入沛王府任修撰，奉命撰写《平台秘略》。写完后沛王十分赏识，赏帛50匹。据《旧唐书·王勃传》载，总章二年（669年），"诸王斗鸡，互有胜负，勃戏为檄英王鸡文。高宗览之，怒曰：'据此，是交构之渐。'即日斥勃，不令入府。"此时王勃年仅20岁。其心情在《夏日诸公见寻访诗序》中流露："天地不仁，造化无力，授仆以幽忧孤愤之性，禀仆以耿介不平之气。顿忘山岳，坎坷于唐尧之朝，傲想烟霞，憔悴于圣明之代。"被逐出王府后他一腔悲愤，同年五月便离长安南下入蜀，客居剑南两年多。他遍游汉、剑、绵、益、彭、梓等地。《别薛华》即是根据此次游历见闻所写。

这首送别诗的色彩、风格和《送杜少府之任蜀州》大相径庭，原因在于生活环境的变化。有人说《王子安集》中有一篇《秋夜于绵州群官席别薛升华序》，有可能是这首《别薛华》诗的序。从诗中可推

断出，诗人与薛华在绵州相逢，很快又分手，于是在一个清秋夜晚为送别薛华作下这首痛彻肺腑的作品。

首联"送送多穷路，遑遑独问津"，是以事写情，又以情生景。两句诗描绘出人生凄惶失意的场面。"穷路"借阮籍和李固的典故，有"守死善道者，滞淴穷路"的意思。阮籍当年所以穷途而哭，是想躲避迫害，时常独自驾车而行，走到绝路方痛哭而返。李固之所以"滞淴穷路"，正因为他"守死善道"，屡次上疏直陈外戚、宦官擅权的害处，后来被梁骥诬告，招杀身之祸。诗人以阮、李自比，含蓄地表明：正直耿介之士，往往很难被当权者所容。"遑遑"也不只在形容凄惨面貌，兼取宋玉《九辩》中"众鸟皆有所登栖兮，凤独遑遑而无所集"的含义，借以寓意自己像凤凰一样清高，而不愿像凡鸟一样随处栖息。

颔联"悲凉千里道，凄断百年身"分

别承接首联中"穷路""问津",进一步
具体描写道路的险与远,设想未来,抒发
情怀。手法虚实相生,语义双关。诗人既
为朋友颠沛流离于里道上而感伤,又自伤
其远在千里之外的异乡。眼前道路崎岖
漫长,展望未来满目悲凉,前程暗淡。这
是诗人入仕三年来,对社会现实的真切
感受,从心底发出的深沉慨叹,说明了年
轻的诗人虽然沮丧但没有绝望。

诗的颈联写道:"心事同漂泊,生涯
共苦辛"意思是他们心中所期望
的事业、建立功勋的志向与
抱负,只能与船只一
同前进,随风浪
漂泊不定。王勃
《春思赋序》中写道:
"咸亨二年,余春秋
二十有二,旅居巴蜀,
浮游岁序,殷忧明时,
坎土壈圣代。此仆所以

抚穷贱而惜光阴，怀功名而悲岁月也。"
可见他的"悲"是因为"怀功名"仕途正
满风帆全速前进之际遭到贬弃而难以实
现，理想与现实矛盾，希望、失望交织在
一起。

尾联"无论去与住，俱是梦中人"，
上句承诗题中的"别"字，下句直抒惜别
之情。从字面看，诗可以理解为王勃对朋
友的安慰，表示无论走到天涯海角都会
永远相忆。另外，"俱是梦中人"包含有命
运难测之意，彼此都由不得自己，意味深
长。

### 采莲曲

采莲归，绿水芙蓉衣。秋风起浪凫雁
飞，桂棹兰桡下长浦，罗裙玉腕轻摇橹。叶
屿花潭极望平，江讴越吹相思苦。相思苦，
佳期不可驻；塞外征夫犹未还，江南采莲
今已暮。今已暮，采莲花，渠今那必尽倡
家。官道城南把桑叶，何如江上采莲花？莲

花复莲花，花叶何稠叠；叶翠本羞眉，花红强似颊。佳人不在兹，怅望别离时。牵花怜共蒂，折藕爱连丝。故情无处所，新物徒华滋。不惜西津交佩解，还羞北海雁书迟。采莲歌有节，采莲夜未歇。正逢浩荡江上风，又值徘徊江上月。徘徊莲浦夜相逢，吴姬越女何丰茸！共问寒江千里外，征客关山路几重。

上元二年（675年），王勃前往交趾探望父亲王福畤时，在江南途中写下的这首《采莲曲》。莲即荷花，诗歌通过对采莲女子的形象塑造和心理刻画，表现出她们对征夫的深切思念和无限幽怨。诗人热情赞美和平、宁静生活，对劳动人民所遭受的战争苦难深表同情。

短小开头"采莲归，绿水芙蓉衣"，采取倒叙手法，先展现的是事情的结尾。采莲归来水湿衣裙，梁元帝的《采莲曲》曾写道："莲花乱脸色，荷叶杂衣

香。”“绿水芙蓉衣”浮现在读者眼前的不正是采莲女面如莲花，衣杂荷叶香的生动画面吗?

从“秋风起浪凫雁飞”句起，到“还羞北海雁书迟”句止，为诗的叙事部分。首先“秋风起浪凫雁飞，桂棹兰桡下长浦，罗裙玉腕轻摇橹”点出了时间、地点和人物。在秋风吹起层层浪花的溪流里，采莲女子驾着小舟轻盈地向莲塘驶去，受惊的野鸭、雁儿阵阵飞起。生活如平

静的水面般美好，其实那"秋风起浪凫雁飞"已激起她内心情感的涟漪。"叶屿花潭极望平，江讴越吹相思苦。相思苦，佳期不可驻；塞外征夫犹未还，江南采莲今已暮"，为第二个层次，先写采莲女子极目远眺，只见绿叶红花，好一派"接天莲叶无穷碧，映日荷花别样红"的景象！这景致与从前一样，物是人非，岂能不令人感慨！舟儿渐行渐近，莲塘里飘来歌曲声，越来越清楚，声声诉的尽是相思

之苦。

"塞外征夫犹未还",此间"犹"字颇具分量,表达了与丈夫离别之久思念欲切、怨介之深邃。"江南采莲今已暮",既写实也兼含比兴,意为光阴易逝,就像采莲,转瞬间黄昏就来到一般,形容人生短暂。通过对采莲女相思苦的描述,揭开和平宁静生活的表象下,劳动人民悲苦的一面。"今已暮,采莲花,渠今那必尽倡家。官道城南把桑叶,何如江上采莲花",这是第三层,写采莲女子对征夫表白忠贞的爱情和宽慰征夫的。她虽被思念所折磨,性格却豁达、坚强。第四层"莲花复莲花,花叶何稠叠;叶翠本羞眉,花红强似颊"是写采莲女将自己与花相比。荷花开得那么稠密,并蒂莲且有绿叶相伴,而自己却形单影只。荷叶虽翠但怎比自己的秀眉,荷花虽红但怎赛过自己的面颊,完全陷入对自己美貌的自我欣赏和陶醉中。"女为悦己者容",人虽美

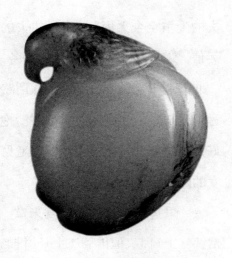

却无人欣赏，于是在欣赏与陶醉之中，悲
苦、懊悔与之俱到。最后"佳人不在兹，
怅望别离时。牵花怜共蒂，折藕爱连丝。
故情无处所，新物徒华滋。不惜西津交
佩解，还羞北海雁书迟"，是写采莲女子
叹息自己红颜不能长驻，自矜青春美貌，
自怜形单影只，不由得更加惆怅和感伤。
忆当年"牵花怜共蒂，折藕爱连丝"的桑
榆美景，如今以往那甜情蜜痕已经难觅，
眼前一片新的花枝，物景移而心却依旧。
"不惜西津交佩解"，反用郑交甫遇仙
女的典故，说明虽然饱受相思，自己与征

夫的爱情至今无悔。诗中对丈夫的迟迟无信,实感不满。但她又不忍责备,只说"北海雁书迟",典出苏武,意谓路途遥远,音书不顺。她们是远离丈夫,抱着美好的希望耐心地苦苦等待着,足见采莲女的内心光明、淳朴、善良。

"采莲歌有节,采莲夜未歇。正逢浩荡江上风,又值徘徊江上月。徘徊莲浦夜相逢,吴姬越女何丰茸!共问寒江千里外,征客关山路几重。"结尾前四句描写秋夜江畔莲塘的景色。后四句着力描写客与众莲女的相遇,眼见她们互询对方征夫的倾心。最后刻意展现的还是那装扮漂亮的采莲女子,掌控舟楫欲还,但诗人揭示的今宵良夜,等待她们的却仍是自己的那座空房!

这首诗华美的言辞、亮丽的音节、复沓的旋律,完美地表现了诗歌的内容。毛先舒《诗辩坻》评:"王子安七言古风,能从乐府脱出,故宜华不伤质,自然高浑

矣。"其结尾构思精巧，笔力独到，诗人既善于描绘典型形象，又巧于进行高度艺术概括，使诗歌所反映的社会问题既深又广。明张逊业《校正王勃集序》曰："王子安富丽径捷，称罕一时，赋与七言古诗，可谓独步。"

## （三）王勃诗作的历史影响

王勃诗文有咏志壮怀之作，也有对送别离情的刻画，还有描述边疆苦难歌歌咏山水人物的篇章。

就王勃文学成就而论，王勃诗词对唐诗的发展由初唐到盛唐时期的鼎盛起到了承前启后的作用，以王勃《滕王阁序》为例。其中的名句"落霞与孤鹜齐飞，秋水共长天一色"，脱胎于庾信《马射赋》中"落花与芝盖同飞，杨柳共春旗一色"，然王勃的意境要高于庾信。

《滕王阁序》中警策句、华采句也各

有特色。有的语句是直接概括，如："物宝天华，龙光射牛斗之墟；人杰地灵，徐孺下陈蕃之榻。"前句高度地概括了江赣繁华富庶；后句形象地说明了南昌人才济济。有的语句是表面对立而意思连贯，如："老当益壮，宁移白首之心；穷且益坚，不坠青云之志"中的"老当益壮"和"穷且益坚"，就是把"老"和"壮"，"穷"和"坚"这两个对立面，从相反相成中统一起来，突出了"贫贱不能移"的美好节操，给人启迪。此外，如"东隅已失，桑榆未晚"也是如此。通常"东隅"已失，则"桑榆"必晚，而王勃却出人意料地提出了"桑榆未晚"，表明了虽身处逆境但不悲观的态度。《唐才子传》记载："勃欣然对客操觚，顷刻而就，文不加点，满座大惊。"可见，王勃创作《滕王阁序》的过程，开了一个当场奉献巨篇而不修琢一句的先例。真乃诗文故事传天下，王勃构思文才不一般。

## （四）有关王勃的历史争论

　　关于王勃的生卒年至今尚有歧说。
杨炯《王勃集序》说王勃于唐高宗上元
三年（676年）卒，年28岁。据此，王勃应
生于唐太宗贞观二十三年（649年）。而王
勃《春思赋序》载："咸亨二年（671年），
余春秋二十有二。"据此推算，则当生于
高宗永徽元年（650年）。此为王勃自述，
当可信，所以现在大多数学者认为王勃
生于永徽元年（650年），卒于上元三年
（676年），生年27岁。

# 三、杨炯的诗词创作概况

## （一）杨炯的家庭出身及历史背景

杨炯（650—约695年），初唐著名诗人，弘农华阴（今陕西华阴）人。于显庆四年（659年），10岁被举为神童，待制弘文馆。上元三年（676年），27岁应制举及第，补校书郎，累迁詹事司直。高宗永隆二年（681年）充崇文馆学士，迁太子詹事司直。他恃才傲物，因讥刺朝士的矫

饰作风而遭人忌恨获谗被贬，有武后垂拱元年（685年）坐从祖弟杨神让参与徐敬业起兵，出为梓州司法参军。天授元年（690年），杨炯任教于洛阳宫中习艺馆，并于如意元年（692年）秋后迁婺州盈川令。杨炯吏治以严酷著称，卒于官，世称杨盈川。

杨炯以边塞征战诗著名，所作如《从军行》《出塞》《战城南》《紫骝马》等，表现了拼战在沙场的将士为国立功的战斗精神，气势轩昂，风格豪放。张说谓曾评价杨炯"文思如悬河注水，酌之不竭，既优于卢，亦不减王"。《旧唐书》本传盛赞杨炯的作品《盂兰盆赋》"词甚雅丽"，《四库全书总目》则认为"炯之丽制，不止此篇"，并称杨炯的诗作"词章瑰

丽，由于贯穿典籍，不止涉猎浮华"。杨炯所作《王勃集序》，对王勃改革当时淫靡文风的诗词创作实践，评价很高，反映了"初唐四杰"有意识地改革当时文风而做出的诸多努力。海内称"初唐四杰"，名序为"王、杨、卢、骆"，杨炯自谓"愧在卢前，耻居王后"，当时议者亦以为然。现存杨炯的诗有33首，五律居多。

唐武则天如意元年（692年），杨炯到盈川（今浙江衢州）任首任县令。传杨炯爱民如子，恪尽职守。每年农历六月初一，都要到附近二十八都（相当于行政村）六十八庄（相当于自然村）巡视。杨炯巡到之处多为粮丰畜旺，百姓身体健康，他也因此深得百姓爱戴。695年，盈川发生罕见大旱，庄稼枯焦，杨炯心急如焚。当年农历七月初九，杨炯仰天长叹："吾无力求盈川百姓于水火，枉哉焉！"于是为求雨水，他纵身跳入枯井，以身殉职。

## （二）杨炯的代表作品

### 从军行

烽火照西京，心中自不平。

牙璋辞凤阙，铁骑绕龙城。

雪暗凋旗画，风多杂鼓声。

宁为百夫长，胜作一书生。

唐初，突厥等少数民族对边境地区的不断骚扰，成为我国西北安全最大隐患。许多爱国志士为国分忧，踊跃从军，加入保疆卫国的战斗行列。这首从军行，描写一个读书士子从军边塞、参加战斗的全过程。仅四十字，既揭示出人物的心

理，又渲染了环境气氛，笔力极其雄劲。

据《旧唐书·高宗纪》载："永隆二年（681年），突厥寇原庆等州（今甘肃固原、庆阳一带地区）遣礼部尚书裴行俭率师讨突厥温傅部落。"当时正值杨炯充崇文馆学士，升迁太子詹事司直不久，《从军行》借此抒发了他对温傅部落疯狂进唐犯边的愤慨之情，显示出诗人杀敌报国的爱国主义精神和大无畏的英雄气概。

前两句"烽火照西京，心中自不平"写边报传来，激起了志士的爱国热情。诗人并不直接说明军情紧急，却说"烽火照西京"，通过"烽火"这一形象化的景物，把军情的紧急表现出来。一个"照"字渲染了紧张气氛。"心中自不平"，是由烽火而引起的，国家兴亡，

匹夫有责,他不愿再把青春年华消磨在笔砚之间。一个"自"字,表现了书生那种由衷的爱国激情,写出了人物的精神境界。首联二句,交待整个事件展开的背景,诗歌运用夸张手法,囊四海于胸,笼千里于咫尺,形象逼真地写出了战事逼近而急迫的形势。

第三句"牙璋辞凤阙",描写了军队辞别京师的情景。"牙璋"是皇帝调兵的符信,分凹凸两块,掌握在皇帝和主将手中。"凤阙"为皇宫代称。诗人用"牙璋""凤阙"两词,略显典雅、稳重,表达了出征将士崇高的使命感和出师场面的隆重与庄严。一个"辞"字,简洁精当地描写了出征将士慷慨激昂的阵容。

第四句"铁骑绕龙城",显然唐军已

经神速地到达前线，并把敌方包围得水泄不通。"铁骑""龙城"相对，渲染出龙争虎斗的战争气氛。其中"铁骑"两字显示出唐军的强大。那一"绕"字，则形象地刻画了唐军迅猛抄袭顽敌的气势，使人顿觉有如雄兵天降，敌人插翅难飞。

接下来两句"雪暗凋旗画，风多杂鼓声"开始写战斗场面，重点勾勒出唐军不畏苦寒征战疆场的画面。大雪飞扬，遮天蔽日，旗帜上的彩画在风雪交加中变得模糊难辨，但将士们尽管冰雪凝甲，仍然顶着呼啸的北风擂响战鼓、奋力拼杀。后句"风多杂鼓声"是从人的听觉出发，狂风呼啸与雄壮的进军鼓声交织在一起。两句诗真乃"有声有色，各臻其妙"。

最后两句"宁为百夫长，胜作一书生"，直接抒发从戎书生保边卫国的壮志豪情。艰苦激烈的战斗，更增添了他对这

种不平凡的生活的热爱,他宁愿驰骋沙场,为保卫边疆而战,也不愿作置身书斋的书生。这首尾遥相呼应,言志抒怀。我们发现杨炯的人生比之那些一味投机取巧、舍义逐利,置国家民族利益于不顾的人来说,的确有着天壤之别。

## 战城南

塞北途辽远,城南战苦辛。

幡旗如鸟翼,甲胄似鱼鳞。

冻水寒伤马,悲风愁杀人。

寸心明白日,千里暗黄尘。

《战城南》是作者一生中比较重要的一首五言律诗。诗歌以征战者的口吻讲述了远征边塞的军旅生涯。

首联以对句开起，开门见山地交待了战争的地点，仿佛画家的神笔挥毫泼墨抹出一幅塞外滚滚黄沙、广袤的草原暗无边际的边塞防御背景。对句切题，正面描叙战争场景，暗寓"战城南，死郭北，野死不葬乌可食"的悲壮场面。

颔联用近似白描的手法描绘战场的景象：战旗猎猎，盔明甲亮，刀光血影隐隐可见。排比点缀手法将作战阵式写得极有气势，不但写出了军队的威武，而且写出了士兵的斗志，使读者从那古老苍劲的诗句里，触摸到诗人所描绘的主人公脉搏激剧地跳动。

然而就战场上生死攸关之际，征人的心境则略显复杂。在一阵冲杀之后，

作者感慨也随之而来，因此颈联自然地转入抒情叙述。"冰水寒伤马"，化用陈琳《饮马长城窟行》诗句"饮马长城窟，水寒伤马骨。往谓长城吏，慎莫稽留太原卒"。表面上在写战马，实则在描写征人，巧妙地表达了边塞的苦寒。"悲风愁杀人"，则化用宋玉"悲哉秋之为气也"，进一步直抒胸臆，表达敌人发动进攻的人高马壮的场景。然而，秋风凛冽，塞外草衰，一派萧瑟之气，也何曾想到征人倍添离家的种种思乡怀家的无奈和愁绪。这联诗与后来大宋延边守将范仲淹的《渔家傲·秋思》的格调近似，真实地反映了广大塞外将士的思想和情绪，也是诗人思想倾向的流露。

最后以景作结，"千里暗黄尘"，既是描绘大漠黄沙的自然景色，也用以渲染战争的惨烈。征尘千里遮天蔽日，然而征臣壮士的心中却

充满了希望。"寸心明白日",随手拣来,精微势妙,语言新颖,内涵丰满,形象地表达了边塞征人光明磊落的内心世界。

作者的离别诗词也并非逊色。请见:

## 夜送赵纵

赵氏连城璧,由来天下传。

送君还旧府,明月满前川。

《夜送赵纵》是一首送别诗,但却写得别致新颖。正如清人毛先舒在《诗辩坻》里所指出的:"第三句一语完题,前后俱用虚境。"诗的情意真挚,神韵绰约,极臻妙境。

首句以比起兴,"赵氏连城璧"是诗人以国之瑰宝和氏璧比喻赵纵的品貌。次句"由来天下传",借美玉的名传天下,进一步比喻赵纵的名气,他是名声远播四海之内的。这是杨炯借助他人之口表

达自己的心意，委婉地称赞朋友，仰慕之情由衷而发。第三句"送君还旧府"，这本来是平铺直叙，但力托全诗，可举千斤。照应首句寓意深邃，写到这里，"完璧归赵"的主题立意呼之而出。从诗中可以推测赵纵是一位德高望重的名士，大概因仕途失意，辞归故里。在诗人眼中，他是远离尘嚣、冰清玉洁的"完璧归赵"。"送君还旧府"这句近似白话却是点睛之笔，它使前面的喻句有脚可落，也使后面景句总有依托，充分表达主题，使诗人对友人的同情、抚慰、称颂、仰慕之情得以淋漓尽致地展现。"明月满前川"，纯

为描写景物。诗句交待送别的时间在明
月当空的夜晚，地点是在奔流不息的
大河边。当友人张帆远离后，诗人
伫立遥望，清冷的月光洒满大地，
空旷孤寞之意袭人而来。

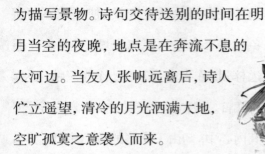

　　结语真实地表达出
诗人送别故人后的深
切感受：惆怅、虚渺。但他又庆幸朋
友"完璧归赵"隐退故里，流露出憎恶官
场、甚至逃避现实的情绪。

## （三）杨炯诗作的历史影响

　　杨炯与王勃同龄，也同样聪明。小
小年纪就考上了神童举，后来又考中进
士。本为东宫太子服务，曾经呈献过一篇
很有影响的《公卿以下冕服议》。当朝大
儒薛元超很赏识其人文字，三十出头聘
调杨炯为崇文馆的学士，正可谓春风得
意。然而倒霉事却如霜陡降。杨炯堂弟

杨神让参与徐敬业起兵，使杨炯不可避免地受了牵连而贬离京城，独自出任遥远梓州。作者途景甚优，途经三峡，还作诗几首。其文气势虽如宏，华章之至，但其内心中，却由于间接的政治牵连，莫名失官，心境之差不言而喻。五年后，或才堪可用，或朋友提携，又回洛阳宫习艺馆授课。"每见朝官，目为麒麟楦"，人家问他，怎么像麒麟楦呢？他回答说："哪里是麒麟，只不过是一头驴子。刻画头角，修饰皮毛，看起来像麒麟，脱了马甲，还是一头驴子。"觉得这话不过瘾，又补了一句："那些没有德行学识的家伙，披着朱紫色的朝服，和驴身覆盖麒麟皮，又有什么区别吗？"管事大人听了，自然会不高兴。所以在回京不过两三年，就又被踢到很远的盈川当了县令。

## （四）有关杨炯的历史争论

对于杨炯说"愧在卢前，耻居王后"，有关王、杨、卢、骆的座次排名不满之言，历史上诗词界对此褒贬不一。该言之意，是说自己排在年龄较大的卢照邻前面，觉得有些不好意思，但名列与之同龄的王勃之后，又心有不甘。其实，历史上王勃的天才文章，能与之比肩的，其时几乎没有。不过，杨炯此间提出一比，实则道出杨炯奋力前援的想法，难免显露其天然的高傲个性。朋友张说对其评价是"杨盈川文思如悬河注水，酌之不竭"，也真实不虚。不过杨炯后亲作《王勃集序》，其行动本身就说明二人关系的实质。杨炯在长篇序言里，对于王勃的精神气质和迸发出的文学光焰给予了无私的褒赏，对王勃没有丝毫的不敬之辞。

# 四、卢照邻的诗词创作概况

## （一）卢照邻的家庭出身及历史背景

卢照邻，字升之，自号幽忧子，幽州范阳（今北京大兴）人，生于唐贞观中期。自幼好学，十余岁就远下淮南，师从文字学家曹宪学《埤苍》《尔雅》，又随学者王义方学经史等。他学习勤奋，希望"明主以令仆相待，朝廷以黄散为经。及观国之光，利用宾王，谒龙旗于武帐，挥凤藻

于文昌",但事与愿违,才高位卑,不被赏识,一生坎坷,命运多舛。永徽五年(654年),卢照邻不及二十岁,被授任邓王府典签,总管文书之事,很受邓王李元裕赏识。《朝野佥载》记载邓王府中"有书十二车,照邻总披览,略能记忆"。邓王曾对群官说起卢照邻:"此郎,寡人相如也。"麟德二年(665年)邓王去世,他离开。不久因事入狱,在他的《狱中学骚体》中记载其事。总章二年(669年),卢照邻离开长安赴新都(今四川新都)尉任上。在蜀期间他与王勃相遇作诗纪念。咸亨四年(673年),卢照邻卧病长安,后迁居阳翟(今河南禹县)具茨山下,仍坚持写作,著有《幽忧子集》二十卷,现存七卷。与骆宾王一样,卢照邻擅长写七言歌行,他的杰作《长安古意》是初唐七言歌行的代表作之一。卢照邻后来做了几年四川新都县尉,后辞官不干。蜀中曾与郭氏女子相恋,回洛阳又忍受相思

之苦。晚年得风疾，境遇悲凉。苦闷中的卢照邻作《释疾文》，其序曰："余羸卧不起，行以十年，宛转匡床，婆娑小室。未攀偃蹇桂，一臂连蜷；不学邯郸步，两足匍匐……覆帱虽广，嗟不容乎此生；亭育虽繁，恩已绝乎斯代。赋命如此，几何可凭！今为《释疾文》三篇，以贻诸好事。"卢照邻哀叹自己一臂伤残，无法攀兰桂之枝；两腿爬行，不学世人时尚之举。天地虽大，难以容纳他一介书生；繁衍生息，时代已经不属于他。他自投颍水而死，时年四十。

## （二）卢照邻的代表作

### 长安古意

长安大道连狭斜，青牛白马七香车。

玉辇纵横过主第，金鞭络绎向侯家。

龙衔宝盖承朝日，凤吐流苏带晚霞。

百丈游丝争绕树，一群娇鸟共啼花。

啼花戏蝶千门侧，碧树银台万种色。

复道交窗作合欢，双阙连甍垂凤翼。

梁家画阁中天起，汉帝金茎云外直。

楼前相望不相知，陌上相逢讵相识。

借问吹箫向紫烟，曾经学舞度芳年。

得成比目何辞死，愿作鸳鸯不羡仙。

比目鸳鸯真可羡，双去双来君不见。

生憎帐额绣孤鸾，好取门帘贴双燕。

双燕双飞绕画梁，罗帏翠被郁金香。

片片行云着蝉鬓，纤纤初月上鸦黄。

鸦黄粉白车中出，含娇含态情非一。

妖童宝马铁连钱，娼妇盘龙金屈膝。

御史府中乌夜啼，廷尉门前雀欲栖。

隐隐朱城临玉道，遥遥翠幰没金堤。

挟弹飞鹰杜陵北，探丸借客渭桥西。

俱邀侠客芙蓉剑，共宿娼家桃李蹊。

娼家日暮紫罗裙，清歌一啭口氛氲。

北堂夜夜人如月，南陌朝朝骑似云。

南陌北堂连北里，五剧三条控三市。

弱柳青槐拂地垂，佳气红尘暗天起。

汉代金吾千骑来，翡翠屠苏鹦鹉杯。

罗襦宝带为君解，燕歌赵舞为君开。

别有豪华称将相，转日回天不相让。

意气由来排灌夫，专权判不容萧相。

专权意气本豪雄，青虬紫燕坐春风。

自言歌舞长千载，自谓骄奢凌五公。

节物风光不相待，桑田碧海须臾改。

昔时金阶白玉堂，即今唯见青松在。

寂寂寥寥扬子居，年年岁岁一床书。

独有南山桂花发，飞来飞去袭人裾。

这首七言歌行在中国诗歌史上具有划时代的意义，震动当时诗坛。闻一多先生在《宫体诗的自赎》评价说："在窒息的阴霾中，虚空而疲倦，忽然一阵霹雳，接着是狂风暴雨！虫吟听不见了，这样便是卢照邻《长安古意》的出现。这首诗在当时的成功不是偶然的。放开了粗豪而圆润的嗓子。"闻一多生动形象地评价了《长安古意》在诗歌史上的地位和作用，概括地指出了该诗的艺术特征。该诗分四部，每部分若干小层次。从"长安大道连狭斜"到"娼妇盘龙金屈膝"，为第一部分。诗人浓墨重彩，着力铺陈渲染京都长安的繁华市井和统治阶级穷奢极欲的

豪华生活。开头十六句如相机般一幅幅地摄下长安的概貌：大街小巷纵横交错，香车宝马川流不息。更有玉辇穿行，金鞭飞扬，来往于巍峨的宫殿、豪华的府宅之间。绿树掩映着亭台楼榭，蜂蝶嬉戏于门旁，鸟语花香。帝都壮丽辉煌，热闹繁忙，一派歌舞升平的繁荣之景。十六句诗中共用了二十多个动词，甚至一句中两个动词连用，如"龙衔宝盖承朝日，凤吐流苏带晚霞""楼前相望不相知，陌上相逢讵相识"，增强了诗句的节奏感，表现出长安富于动感的快节奏。诸如"青牛""白马""玉辇""金鞭""朝日""晚霞""银台""碧树""千门""连甍"等多彩的辞藻，幻化出一幅幅豪华气派、绚丽多姿的图画，令人神往。

接着，诗人把目光转向主人公。一位富家子弟寻花问柳，歌女优伶，攀龙附凤。一方则情意切切："借问吹箫向紫烟，曾经学舞度芳年。得成比目何辞死，愿作

鸳鸯不羡仙。"一方则情意绵绵:"比目鸳鸯真可羡,双去双来君不见。生憎帐额绣孤鸾,好取门帘贴双燕。"于是双方就有:"双燕双飞绕画梁,罗帷翠被郁金香。"连那些歌童舞女也都并非平常人的再现。

"鸦黄粉白车中出,含娇含态情非一。妖童宝马铁连钱,娼妇盘龙金屈膝。"这四句诗淋漓尽致地刻画了都市艳冶风情。有无名氏《水调歌头》道:"千年一遇圣明朝,愿对君王舞细腰。乍可当熊任生死,谁能伴凤上云霄。"有人则称作者这是借宫词讽喻,并说卢照邻的"得成比目何辞死,愿作鸳鸯不羡仙"妙得此意。可见,卢诗的讽刺意味深藏诗中。

从"御史府中乌夜啼"至"燕歌赵舞为君开",为第二部分。作者细致刻画长安的夜生活,从深宅豪院直到京郊,各

色人物粉墨登场，热闹和放纵程度远胜
白日。王孙公子、闾里少年，有人挟弹飞
鹰，有人探丸借客，"俱邀侠客芙蓉剑，共
宿娼家桃李蹊。娼家日暮紫罗裙，清歌一
啭口氛氲"。然而他们的勇武和气派比起
皇家的侍卫亲军来则更是小巫见大巫了。

"汉代金吾千骑来，翡翠屠苏鹦鹉杯。
罗襦宝带为君解，燕歌赵舞为君开。"闻
先生评论说："诚然这不是一场美丽的
热闹，但这颠狂中有战栗，堕落中有灵
性。"

第三部分自"别有豪华称将相"至
"即今唯见青松在"，主要
描述与揭露权贵们互
相排挤、倾轧的丑
行。贺裳在《载酒园
诗话又编》里称赞
说："写豪狞之志，如
'意气由来排灌夫'，尚不
足奇；'专权判不容萧相'，俨然

如见霍氏凌蔑车千秋,赵广汉突入丞相府召其夫人脆庭下。"汉代外戚专政宦官弄权很严重,皇帝有时也无可奈何。"转日回天不相让",气焰嚣张犯上作乱。"青虬紫燕坐春风",穷奢极欲竟比豪强。他们"自言歌舞长千载,自谓骄奢凌五公",狂妄自大至可笑之地步。

第四部分共四句:"寂寂寥寥扬子

居，年年岁岁一床书。独有南山桂花发，飞来飞去袭人裾。"是借汉代扬雄的典故，希望像扬雄当年那样终生致力于著述，远离尘世，与芳树为伴，不学干谒，洁身自好。

《长安古意》以汉事托唐，借古讽今。这首诗隔句用韵，平仄协调，四语一转，是"王杨卢骆当时体"的典型特征。

## 昭君怨

合殿恩中绝，交河使渐稀。

肝肠辞玉辇，形影向金微。

汉地草应绿，胡庭沙正飞。

愿逐三秋雁，年年一度归。

据史书记载，汉元帝后宫嫔妃众多，难以选择，于是靠画像召幸。嫔妃们争相贿赂画工，只有王昭君貌美心高，分文不

奉。画工将她丑化了许多，使她入宫五六
年未能见到皇上。正逢匈奴入朝请求
和亲，昭君自愿出塞。当她盛装向皇上
辞行时，光彩照人。元帝悔恨莫及，
怒斩毛延寿等画师。此后诗人多
借此事抒发幽怨的情怀，汉乐
府有《王昭君》，晋有《王明君
歌》等。卢照邻这首《昭君怨》比
起当时上官仪的《王昭君》清新刚健，引
人注目。

　　诗歌以嗟叹起句，"合殿恩中绝"指
皇上的恩德被阻绝不能下达。古诗《怨
歌行》："新裂齐纨素，皎洁如霜雪，裁为
合欢扇，团团似明月。出入君怀袖，动摇
微风发。常恐秋节至，凉飙夺炎热。弃捐
箧笥中，恩情中道绝。"诗人在此熔炼这
首古诗，既交代了昭君的身世，又蕴藉着
弃捐之意、哀怨之心。"交河使渐稀"，是
进一步阐明"恩中绝"的。昭君初嫁时，
朝廷还时常派使臣去探望，到后来连使

节也逐渐稀少了。足见皇帝已经将忠义之人忘却了,恩义断绝。

因为"交河使渐稀",引起昭君对往事的回忆:"肝肠辞玉辇,形影向金微。"当年自己肝肠寸断地辞别了汉宫,形单影只走向遥远而陌生的匈奴。她顾影自怜,一步一回首,恋恋不舍。背井离乡何其悲凉!

因为永世不能回去,所以就更加思念故乡,由眼前匈奴景色想到故国景色:"汉地草应绿,胡庭沙正飞。"一边是尘土飞扬、风沙肆虐;一边是草色葱绿、春意盎然,两相对照,衬托出人物的内心忧伤。这里诗人寓情于景,以有声有色的对比诗句,将人物的哀怨忧思抒发得淋漓尽致。

"愿逐三秋雁,年年一度归",这两句诗直抒胸臆,诗中主人公的感情闸门

终于被打开，千般怨，万般恨，喷发而出，化作一个愿望：像雁儿一样一年回来一次。但像鸿雁那样自由是不可能的，她的愿望只能空留遗恨。

这首五言律诗以琴曲旧题写，属对工整，音韵和谐。"汉地草应绿，胡庭沙正飞。愿逐三秋雁，年年一度归"是脍炙人口的名句。诗人构思精巧，用词准确而贴切。卢照邻一生怀才不遇，遭受谗言和诽

谤甚多。此诗明里哀叹昭君之不幸,实则是对自身郁郁不得志的感慨。

## 行路难

君不见长安城北渭桥边,枯木横槎卧古田。

昔日含红复含紫,常时留雾亦留烟。

春景春风花似雪,香车玉舆恒阗咽。

若个游人不竞攀,若个倡家不来折。

倡家宝袜蛟龙帔,公子银鞍千万骑。

黄莺一向花娇春,两两三三将子戏。

千尺长条百尺枝,丹桂青榆相蔽亏。

珊瑚叶上鸳鸯鸟,凤凰巢里雏鸮儿。

巢倾枝折凤归去,条枯叶落狂风吹。

一朝零落无人问,万古摧残君讵知?

人生贵贱无终始,倏忽须臾难久恃。

谁家能驻西山日?谁家能堰东流水?

汉家陵树满秦川,行来行去尺哀怜。

自昔公卿二千石,咸拟荣华一万年。

不见朱唇将白貌,惟闻素棘与黄泉。

金貂有时须换酒，玉尘但摇莫计钱。

寄言坐客神仙署，一生一死交情处。

苍龙阙下君不来，白鹤山前我应去。

云间海上邀难期，赤心会合在何时？

但愿尧年一百万，长作巢由也不辞！

从汉"柏梁体"开始，叹收六朝声律对仗，七言诗逐渐赶上五言诗，并从初唐开始分流为新兴近体律绝和乐府歌行。初唐四杰对七言古诗也作出巨大贡献，卢照邻的《长安古意》与《行路难》就是这方面的代表作。

《行路难》是汉乐府《相和歌辞》旧题，在卢照邻之前，鲍照就作过一首七言《行路难》，仄声促韵与长句宛转充分表达作者郁悒不平之气。卢照邻这一首《行路难》从容舒展、徐缓不迫、多次转韵，其声律、修辞与对仗明显受六朝诗歌影响，从中也反

映了诗风转变期的艺术特点。

　　全诗共四十句,分两大部分。第一部分,从开头到"万古摧残君讵知"。"长安城北渭桥边"为虚指,即物起兴,从眼前横槎、枯木倒卧古田引起联想。"昔日"领起下文十六句,对"枯木"曾经拥有的枝繁叶茂、溢彩流芳的青春岁月,进行淋漓尽致的铺陈与渲染。围绕着它"千尺长条百尺枝",有黄莺戏春、凤凰来巢、鸳鸯双栖,高贵的丹桂青榆也依附庇荫,更有香车宝马时常经过,马蹄声断续相闻;富有而轻薄的公子,妖冶的倡女,纷趋竞骛,攀龙附凤……诗人以工整的结构、华

丽的语言，为我们展现了初唐长安城内繁荣市井、骄奢生活的世态风情全卷，读者仿佛身临其境，却又清醒地感觉到诗人冷静的态度。从行文遣辞看，整齐的偶句与变换的角度，避免了呆滞散乱；层迭的词句增添了构图的对衬感与节奏感。末两句是全诗的关键，也是主旨所在。从现实的"一朝零落无人问"，由此及彼提出"万古摧残君讵知"，已如桓温当年"树犹如此，人何以堪"的普遍人生感喟，将比兴之义进一步升华了。

第二部分从"人生贵贱无终始"到末句，由隐而显，喻体"枯木"显现为本体"人生"。"终始"指无限。转瞬即逝的人生与悠久无限的岁月，这对亘古不变的自然矛盾造成人们心灵的困惑，一系列抒情意象即由此展开。"谁家"以下至"赤心会合在何时"运用超时空框架，不断变换叙述角度，使生死枯荣的单一主题，形成多元层次与丰富内涵。先写时光

流水，无人能阻，再写改朝换代，秦川汉陵，无可奈何；再写富贵公卿，顷刻归于青棘黄泉。由此进一步指出富贵不可骄，交情不足恃，都用复迭或对比手法。金貂换酒为李白《将进酒》所本，"玉尘"指玉骢马扬起的飞尘，狂饮与游冶似乎已解生死，其实正说明了诗人无法排遣的苦闷。既然功名利禄都只是过眼云烟，就只好求友访仙以解心中积怨。因此，唐代盛行道教，许多官僚士大夫接受道教。纵然平日有生死交情，但只要大限到来，你未抵"苍龙阙下"（苍龙，东方之神，二十八宿东七星总称），我则已羽化白鹤山前。至于云间海上的仙山，长生不死的仙丹，更是缥缈难觅。

道家与佛家都有转世说，即使退一步寻求"赤子"重生，要到什么时候呢？表面

是消极、苦闷，其实仍融注了对人生热烈执著的追求，因此诗人作出结尾两句"但愿尧年一百万，长作巢由也不辞"。尧年，代长寿；巢由，巢父与许由，古时隐士。"但愿""长作"可见其辞情恳切。卢照邻因服丹中毒，手足痉挛，最终不堪恶疾所苦，自投颍水。这里似有忏悟，只祈求正常人的健康长寿，不奢求富贵荣华与长生不死。

初唐四杰对于诗体诗风的转变，最突出之贡献是扩大了时空境界，将目光由宫廷移向社会，转向丰富多彩的现实人生。他们对历史、对人生、对物质、对理想都常常有发人深省的理解与阐释，使诗歌气势宏远，哲理性强，有很深的社会意义。

## （三）卢照邻诗作的历史影响

卢照邻早年因"横事被拘"坐过牢，

并为"群小所使",要予以加罪,后得友
人援救,才得出狱。乾封三年(668年)
左右,卢照邻被任益州新都尉。此时心
情低沉,写诗如《寄赠柳九陇》:"提琴
一万里,负书三十年……关山悲蜀道,花
鸟忆秦川。"《赠益州群官》:"一鸟自北
燕,飞来向西蜀……日夕苦风霜,思归赴
洛阳。"都表现出怀才不遇、远客西蜀、
孤独悲苦的心情。然卢照邻在此新都尉
任上,不幸染上了风疾,任满后不得不辞
官。咸亨四年(673年),他在长安养病,曾
"伏枕十旬,闭门三月"。名医孙思邈与
之同住光德坊官舍,他得以有机会向孙思
邈请教。后卢由长安转居太白山。据《新

唐书》所记，在此"得方士玄明膏饵之，会父丧，号呕；丹辄出，由是疾益甚"。卢后又移居东龙门山，为治病母亲和兄长不惜破产以供医药，家境每况愈下。卢照邻后全身瘫痪，在调露二年（680年）前后自沉颍水而死。卢作今存有《幽忧子集》七卷，其中诗有九十余首，文有二十余篇。以七言歌行成就最高，《长安古意》为其代表作。

这首开唐代长篇诗章先河的《长安古意》，将帝京之都的生活情况写得跌宕起伏，妙趣横生。尤其是从长安城里散发出来的、自上而下的、开放包容的人文空间，为适应民众精神世界的拓展，提供了无限可能。"得成比目何辞死，愿作鸳鸯不羡仙"，爱情崇高，百物皆虚，这一声自由的呐喊，诚如闻一多先生所言，他"放开了粗豪而圆润的嗓子""对于时人那

虚弱的感情，这真有起死回生的力量"。天有不测风云，正值年富力强之时，却不幸染上风疾（风痹症），先是一条臂膀废掉，后来一条腿也随之瘫痪，正是寸步千里，咫尺山河。从此，开始了他十年的幽悲饮泣肢残命衰之路。这些突如其来的重大生理变化，使得这位才华横溢的诗人公共场合难以露面，私人社交不愿参加，花前月下的缠绵并肩也成难望，即所有正常人的身体功能，都要废掉。晚年就连端一碗粥，也是困难不已的事。卢照邻以一个患者的姿态，走上了漫漫求医之路。治疗风疾并非易事，困难也接踵而至。众多治病费用，对于家贫的卢照邻而言，无疑捉襟见肘。他的那篇《与洛阳名流朝士乞药直书》："若诸君子家有好妙砂，能以见及，最为第一。"则遍呈朝中名士，开口求乞。在文章的末尾更直白、可怜，如没丹砂可赠，则"无者各乞一二两药直，是庶几也"，这封信被广泛传抄发

送。可见，对于生性要强的著名诗人卢照邻来说，实在是一生最为无奈之举。

才子生病，惊动药王孙思邈。孙时年年过九旬、白发苍苍，亲为医治。两个人就医治疾病做过长谈，《新唐书》《太平广记》等都曾大量引用。后高宗龙驾西游，卢照邻只能回山乡颐养。身左是书，身右是药。卢照邻也曾有过与命运、与死神的抗争。在病中仍坚持阅读，坚持写作，也享受着山中的无边风月。可想见，深谙儒佛道三教的卢照邻，僵卧山中，与死神作过无数次的挣扎与斗争。十年间他只能撑着病体，在暗室之中，隔着窗子望着外面寒暑易节。短暂的阅读与写作的快乐之后，常常是更加漫长的痛。朝暮之间，无数不眠之夜，白发丛生，双鬓如染。"钟鼓玉帛兮非吾事，池台花鸟兮非我春"，含悲叹息。一系列不好的消息相继传来：女皇武则

天登基了，骆宾王失踪了，孙思邈离世了，眼看自己的身体也像僵直的朽木，终于到了生死不可调和的时刻，离世而去。

## （四）有关卢照邻的历史争论

《孙思邈传奇》记载："初唐四杰"的卢照邻一年患恶疾，因病去官，隐居太白山。因服丹中毒，病势加剧，手足痉挛，久治不愈，使卢照邻思想包袱沉重，病情一天比一天严重。为了能让名医孙思邈为

其治病，不得不又移居阳翟县（今禹州）燕山下，买院数十亩居住。当年孙思邈年高97岁。孙思邈看后认为：病情确实较重，但心理压力更重，为此孙思邈引经据典，旁征博引，对卢照邻说："形体有可愈之疾，天地有可消之灾。"鼓励卢照邻与疾病作斗争。卢照邻终于被其所感动，消除了忧郁，很快恢复了健康。一天，卢照邻问老师一个问题："名医能治愈疑难的病症，是什么原因呢？"97岁的孙思邈很干脆地答道："对天道变化了如指掌的人，必然可以参政于人事；对人体疾病了解透彻的人也必须根源于天道变化的规律。天候有四季，有五行，相互更替，犹似

轮转。那么又是如何运转呢？天道之气和顺而为雨；愤怒起来便化为风；凝结而成霜雾，张扬发散就是彩虹，这是天道规律。人也相对于四肢五脏，昼行夜寐，呼吸精气，吐故纳新。人体之气流注周身而成营养、卫气；彰显于志则显现于气色精神；发于外则为音声，这就是人身的自然规律。阴阳之道，天人相应，人身的阴阳与自然界并没什么区别。人身的阴阳失去常度时，人体气血上升则发热；气血不通则生寒；气血蓄结生成瘤及赘物；气血下陷成痈疽；气血狂越奔腾就是气喘乏

力；气血枯竭就会精神衰竭。各种征候都显现在外。气血的变化也表现在形貌上，天地不也是如此吗？"照邻又问："行医如此，做人应该怎么办呢？"孙思邈说："做人的道理，应该是'胆欲大而心欲小，智欲圆而行欲方。''胆大'是要有赳赳武夫自信而有气质；'心小'是要如同薄冰上行走，时时小心谨慎；'智圆'是说遇事圆活机变，不可拘泥，需有驾驭制约的能力；'行方'是讲不为名求，不为利惑，不为禄诱，心中自有坦荡之地。"照邻又问善性的要理，孙思邈说："天有充满的时候，也有不足的时候，人有迟迟不进和危机的时候，自己不当心谨慎，就不会有利益！所以养性首先得知道办事要小心谨慎，谨慎是敬畏的根本，做官的无敬畏之心就会不讲简化仁义；从事农业的无敬畏之心就会使庄稼落于庄稼地里不

收; 工匠不敬畏就不遵规矩; 经商的不敬畏就会贷不存; 做儿子的不敬畏就忤逆不孝; 做父亲的不敬畏就会丢弃慈爱; 做臣子的不敬畏就会躁动不安; 做君王的不敬畏就会使天下不能治。所以说首先是畏道, 然后依次为畏天、畏物、畏人、畏身。忧于身者, 不拘于人; 畏于己者, 不制于彼; 慎于小者, 不惧于大; 戒于近者, 不悔于远。知道此道理就会尽人事! "卢照邻点头称赞道: "老师您以天理讲病理, 以医理讲政理, 学生明矣。"

当时名人士宋令文、孟诜、卢照邻等人都曾拜孙思邈为师, 甘当他的学生。卢照邻在《五悲文》《释疾文》里, 透露出他决意了却残生的众多信息: "岁去忧来兮东流水, 地久天长兮人共死" "嗟不容乎此生" "恩已绝乎斯代", 笔下充满了悲凉、悲愤和悲哀。

# 五、骆宾王的诗词创作概况

## （一）骆宾王的家庭出身及历史
## 背景

骆宾王（约630—684年），字观光，
婺州义乌（今浙江义乌）人，为"初唐四
杰"中最富于传奇色彩的诗人。骆宾王自
幼随父到博昌，从师于张学士、辟吕公，
七岁赋《咏鹅》诗被传为佳话，时称神
童。父骆履元，曾任青州博昌（今山东济
南东北）令。可惜其父早逝，生活窘困，母

亲带他到衮州瑕丘投靠亲友。青少年时落魄的经历，对他性格的形成有很大影响。骆宾王早年曾在道王李元庆府中任参军、录事等小官。乾封元年泰山封禅，作《为齐州父老请陪封禅表》，被赐为奉礼郎，后又任东台详正学士。咸亨元年，骆宾王以奉礼郎的身份从军西域，正遇薛仁贵战败于大金川，滞戍边塞两年，回到长安不久既入蜀，从军姚州（今云南楚雄一带），在姚州道大总管李义总府任书记随军征战，拟写檄文布告等。上元元年官任武功主簿，后又调任明堂主簿、长安

主簿。仪凤三年，升任侍御史。后不久因事入狱，究其因，据说为"坐赃左迁临海丞"。《新唐书·文艺本传》中却记载为："武后时，数上疏言事，下除临海丞。"在狱中作《萤火赋》《狱中咏蝉》和《狱中书精通简知己》，屡诉冤屈。仪凤四年改年大赦得以出狱，后赴幽燕入幕府。调露二年秋任临海县丞，因不得志弃官。嗣圣元年九月，徐敬业起兵扬州，以匡复李

唐王朝的名义征讨武则天。骆宾王加入匡复府任艺文令,其《代李敬业传檄天下文》名扬天下。徐敬业兵败其下落不明,史载不一。《朝野佥载》称"宾王与徐敬业兴兵扬州,大败,投江而死",《本事诗·征异》则说他落发为僧,民间又有他在灵隐寺与宋之问联诗的传说。骆宾王现存的作品,有《骆临海集》十卷,《全唐诗》仅收其诗三卷,共一百多首。

## （二）骆宾王的代表作品

### 上吏部侍郎帝京篇

山河千里国，城阙九重门。

不睹皇居壮，安知天子尊。

皇居帝里崤函谷，鹑野龙山侯甸服。

五纬连影集星躔，八水分流横地轴。

秦塞重关一百二，汉家离宫三十六。

桂殿嵚崟对玉楼，椒房窈窕连金屋。

三条九陌丽城隈，万户千门平旦开。

复道斜通鳷鹊观，交衢直指凤凰台。

剑履南宫入，簪缨北阙来。

声明冠寰宇，文物象昭回。

钩陈肃兰戺，璧沼浮槐市。

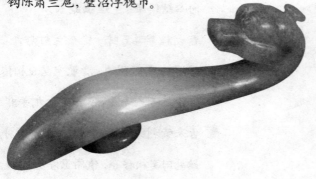

铜羽应风回,金茎承露起。

校文天禄阁,习战昆明水。

朱邸抗平台,黄扉通戚里。

平台戚里带崇墉,炊金馔玉待鸣钟。

小堂绮帐三千户,大道青楼十二重。

宝盖雕鞍金络马,兰窗绣柱玉盘龙。

绣柱璇题粉壁映,锵金鸣玉王侯盛。

王侯贵人多近臣,朝游北里暮南邻。

陆贾分金将谦喜,陈遵投辖正留宾。

赵李经过密,萧朱交结亲。

丹凤朱城白日暮,青牛绀幰红尘度。

侠客珠弹垂杨道,倡妇银钩采桑路。

倡家桃李自芳菲,京华游侠盛轻肥。

延年女弟双飞入,罗敷使君千骑归。

同心结缕带,连理织成衣。

春朝桂尊尊百味,秋夜兰灯灯九微。

翠幌珠帘不独映,清歌宝瑟自相依。

且论三万六千是,宁知四十九年非。

古来荣利若浮云,人生倚伏信难分。

始见田窦相移夺,俄闻卫霍有功勋。

未厌金陵气，先开石椁文。

朱门无复张公子，灞亭谁畏李将军。

相顾百龄皆有待，居然万化咸应改。

桂枝芳气已销亡，柏梁高宴今何在？

春去春来苦自驰，争名争利徒尔为。

久留郎署终难遇，空扫相门谁见知。

莫矜一旦擅繁华，自言千载长骄奢。

倏忽搏风生羽翼，须臾失浪委泥沙。

黄雀徒巢桂，青门遂种瓜。

黄金销铄素丝变，一贵一贱交情见。

红颜宿昔白头新，脱粟布衣轻故人。

故人有湮沦，新知无意气。

灰死韩安国，罗伤翟廷尉。

已矣哉，归去来。

马卿辞蜀多文藻，扬雄仕汉乏良媒。

三冬自矜诚足用，十年不调几邅回。

汲黯薪逾积，孙弘阁未开。

谁惜长沙傅，独负洛阳才。

　　该诗约作于上元三年骆宾王担任明堂主簿时。诗前有"启"，介绍说明该作

品是应吏部侍郎"垂索"而作的。该诗取材于汉代京城长安的生活故事，以古喻今，抒情言志，气韵流畅，有如"缀锦贯珠，滔滔洪远"，在当时就被视为绝唱。它不仅是诗人的代表作，更是初唐长篇诗歌的代表作之一，堪与卢照邻的《长安古意》媲美，被称为其姊妹篇。

全诗分四部分，第一部分从"山河千里国"至"黄扉通戚里"，描写长安地理形势的险要奇伟和宫阙的磅礴气势。此部分又分作三个小层次。开篇为五言诗，四句一韵，气势凌厉，若千钧之弩，一举破题。"山河千里国，城阙九重门"，对仗工整，以数量词用得最好，"千里"以"九重"相对，给人一种旷远、博大、深邃的气魄。第三句是个假设问句，"不睹皇居壮"。其后的第四句"安知天子尊"是以否定疑问表示肯定，间接表达赞叹、惊讶等丰富复杂而又强烈的情感。此处化用了《史记·高祖纪》中的典故："萧丞相

作未央宫，立东阙、北阙、前殿、武库、太仓。高祖见丞阙壮甚，怒。萧何曰：'天子以四海为家，非壮丽无以重威，且无令后世有以加也。'高祖乃悦。"只有熟悉这一典故，方能更好体会出这两句诗的意韵。它与开篇两句相互映照，极为形象地概括出泱泱大国的帝都风貌。以上四句统领全篇，为其后的铺叙揭开了序幕。

第二个小层次描写长安的远景："皇居帝里崤函谷，鹑野龙山侯甸服。五纬连影集星躔，八水分流横地轴。秦塞重关一百二，汉家离宫三十六。"这六句七言诗，从宏观角度为我们展现了一幅庞大壮丽的立体图景。天地广阔，四面八方，尽收笔下。星光辉映，关山绵亘护卫，沃土抚育，帝京岂能不有！六句诗里连用

"五""八""一百二""三十六"等多个数字, 非但没有枯燥之感, 反而更显典韵奇巧, 构成鲜豁之境和独特的景象。此为首句"山河千里国"的细致绘写。

第三个小层次为长安的近景刻绘: "桂殿嵚崟对玉楼, 椒房窈窕连金屋。三条九陌丽城隈, 万户千门平旦开。复道斜通鸤鹊观, 交衢直指凤凰台。"高耸耀眼的宫殿, 温馨艳冶的禁闱, 宽畅通达的大道, 复道凌空, 斜巷交织, 具体刻画"皇居"的巍峨和壮观。六句诗不由令人念及天子的尊贵与威严。

第二部分由"剑履南宫入"到"宁知四十九年非", 重点描绘长安上流社会王侯贵戚骄奢纵欲的生活。诗人由表面的繁荣昌盛落笔, 意在阐释兴衰祸福相倚伏的哲理。此部分又可分为两个层次。诗的前二十六句为第一层次, 主要绘写权贵们及其附庸的日常生活。"剑履南宫入, 簪缨北阙来。声明冠寰宇, 文物象昭

回"，细致传神地刻画出享有殊荣的将相
们身佩宝剑，昂然出入宫殿的情景。他们
的美名扬于天下，形象题于画阁，业绩载
入史册，光荣如同日月。

"钩陈肃兰扈，璧沼浮槐市"，写的
是天子的学宫圣境，静穆清幽；学士们
漫步泮池、文市，纵论古今于青槐之下，
何等的风流儒雅！教化之推行，言路之
广开，由此可见一斑。"铜羽应风回，金
茎承露起"，既写景又抒情。那展翅翱翔
的铜乌殷勤地探测着风云的变幻，期盼
国泰民安；那高擎金盘的仙掌虔诚地承
接着玉露，祈愿天子万寿无疆！"校文天
禄阁，习战昆明水"，指的是文武百将各
司其职，文将治国安邦，武将戍边拓疆。
"朱邸抗平台，黄扉通戚里"，说的是权
贵们的居所，如同皇帝的离宫一样众多
华丽。"平台戚里带崇墉，炊金馔玉待鸣
钟。"他们不但身居华屋而且饮食考究，
"炊金馔玉待鸣钟"，真是气派。"小堂

绮帐三千户，大道青楼十二重"是他们娱
乐的场所，娼妓之多可想而知。她们是
由于统治阶级生活需要而滋生的附属阶
层，她们的生活自然也豪华奢靡："宝盖
雕鞍金络马，兰窗绣柱玉盘龙。"这样的
生活是"朝游北里暮南邻"的锵金鸣玉的
王侯贵人所带来的。除了北里南邻的"多
近臣"，还有那些失势的旧臣元老和专宠
的新贵："陆贾分金将谦喜，陈遵投辖正
留宾。赵李经过密，萧朱交结亲。"他们
也都有各自的活动场所和享乐消遣之法，
游说饮宴，兴高采烈，逍遥自得。这是朝

廷之外的另一番热闹景象。

第二个层次是描绘长安的夜生活，从暮色苍茫到更深漏残，绿杨青桑道上，车如流水马如龙。一边是艳若桃李的娼妓，一边是年少英俊的侠客。碧纱帐里，彩珠帘内，皇帝与宠妃，使君与罗敷，出双入对，相互依偎，厮守之状如胶似漆。歌舞场上，轻歌曼舞，王公贵人，歌儿舞女，沉迷于灯红酒绿的梦幻里。他们便是如此浑浑噩噩度过自己的一生，岂能如蘧伯玉一般"年五十而知四十九年非"呢？

现实是残酷的，乐极必定生悲。因而诗人在第三部分从"古来荣利若浮云"至"罗伤翟廷尉"，以其精练灵活的笔触，描绘出一幅动人心弦的历史画卷，把西汉一代帝王将相、皇亲国戚你死我活的残酷的斗争景象和世态人情的炎凉，状写得淋漓尽致。考究用典，精到的议论，

生动的描绘，细腻的抒情，惊醒的诘问，交叉使用，纵横捭阖，举重若轻地记录了帝京上层社会的生活史。这部分重点揭示了封建统治阶级的腐朽和无法逃脱的没落命运。"古来荣利若浮云，人生倚伏信难分。"从古到今，统治阶级都是一样的。诗人生活的武则天时代，朝廷内部争权夺利激烈，酷吏罗织罪名陷害忠良，正

所谓"倏忽搏风生羽翼，须臾失浪委泥
沙"。有谁能够掌握自己的命运呢？面对
唐朝的现实，诗人发出无可奈何的慨叹：
"已矣哉，归去来！"继而诗人列举了汉
代著名的贤才志士，他们的升迁湮滞，都
不取决于个人学识才智的高低，而是取
决于统治者的好恶。

　　司马相如辞赋再佳，怎奈景帝不喜

欢辞赋，只得回到临邛卖酒为生。后来武帝赏识他的辞赋，经过狗监的推荐，才被召任为郎。扬雄学识尽管渊博，然而成、哀、平三位皇帝都不赏识他，他也就无法被提升。"十年不调几遭回"，语意双关，既指张释之十年为骑郎事，也是叹息自己十年没升迁的境遇。汲黯因为直谏而遭到忌恨，贾谊因为才高而被谗言所害。这一结尾，婉转地表达了忠直之士难以被容纳之意。

沈德潜曾这样评论《帝京篇》："作帝京篇，自应冠冕堂皇，敷陈主德。此因己之不遇而言，故始盛而以衰飒终也。首叙形势之雄，次述王侯贵戚之奢侈无度。至古来以下，慨世道变迁。已矣哉以下，伤一

己之湮滞，此非诗之正声也。"

《帝京篇》的特色，正像闻一多先生所评论的那样，是"洋洋洒洒的宏篇巨作，为宫体诗的一个巨变"。

这首诗是呈给吏部侍郎的，因此内容比《长安古意》庄重严肃，气势也更大。形式上较为自由活泼，七言中间以五言或三言，长短句交错，或振荡其势，或回旋其姿。铺叙、抒情、议论也各尽其妙。辞藻富丽，铿锵有力，虽然承袭陈隋之遗，但已"体制雅骚，翩翩合度"，为歌行体辟出了一条宽阔的新路。

# 在狱咏蝉

西陆蝉声唱，南冠客思侵。

那堪玄鬓影，来对白头吟。

露重飞难进，风多响易沉。

无人信高洁，谁为表予心。

在我国古代，蝉被视为高洁的象征，因为它高居枝上，餐风饮露，与世无争。因此古代很多诗人咏蝉，有的借以歌颂高洁的品格，有的寓意感慨身世的凄凉。如"清心自饮露，哀响乍吟风。未上华冠侧，先惊黥叶中"（李百药《咏蝉》），"饮露非表清，轻身易知足"（褚沄《赋得蝉》），"烦君最相惊，我亦举家清"（李商隐《蝉》）。在不同经历的诗人笔下，平凡常见的蝉各具灵性，仿佛是品格高尚的高士形象的化身。而在历代鳞次栉比的咏蝉诗中，最受称颂、广为流传的就数这首《在狱咏蝉》诗了。《在狱咏蝉》诗，与一般的咏蝉诗不同，感情真挚而充

沛，不但没有无病呻吟，更非"贫士失职
而志不平"的平常慨喟。它抒写的是含冤
莫辨的深切哀痛。该诗是骆宾王于仪凤
三年在狱中所作。他下狱的原因尽管说法
不一，然而多数认为是被诬陷的。例如有
传说，武后专政，排斥异己，严刑苛法，
告密之风盛行。骆宾王屡次上疏讽谏，因
此获罪被撤了职，并以贪赃罪入狱。也有

人依据他的《狱中书情》，分析"三缄慎祸胎"等语，认为他是言语不慎招来了莫须有的打击。具有侠义性格的骆宾王蒙受如此不白之冤，就借咏蝉来替自己的清白申辩，宣泄心中激愤之情。诗的序言中他写道："仆失路艰虞，遭时徽，不哀伤而自怨，未摇落而先衰。闻蟪蛄之有声，悟平反（昭雪疑狱）之已奏。见螳螂之抱影，怯危机之未安。感而缀诗，贻诸知己。"在狱中，诗人触景生情作该诗，既向知己的朋友诉说自己的冤屈，又表明了对昭雪信心不足。序言的末尾说："非为文墨，取代幽忧云耳。"由此可见所写都是肺腑之言。

诗的首联点题,上句中的"西陆",一方面表明时令已是秋天,一方面又交待了诗人被囚禁的地点——禁垣西。蝉声唱,指蝉的鸣叫。诗序里说:"余禁所,禁垣西,是法曹厅事也,有古槐数株焉。每至夕照低阴,秋蝉疏引,发声幽息,有切尝闻。岂人心异于曩时,虫响悲乎前听?"诗人失去了自由,听了寒蝉时断时续的鸣叫声,觉得异乎寻常,深感其中有一种幽咽、凄楚的意味。这就自然地引出了下句:"南冠客思侵。"蝉的哀鸣声唤起了诗人思念故乡的无限惆怅与悲戚。这个"侵"字,恰如其分地表现了诗人忧心忡忡的心境和情境。

次联"那堪玄鬓影,来对白头吟",是紧承上联进一步抒发诗人悲苦烦忧的心情。诗人仿佛是在对蝉倾诉,又仿佛是自言自语:"我本来就够痛苦了,哪里还受得了你不断地向我诉苦呢!正所谓以苦引苦,人何以堪!"

三联"露重飞难进,风多响易沉",表面是写蝉,实际是抒写自己境况。秋季露水凝重,打湿了蝉的翅膀,使它难以飞行;秋风频吹,使蝉的声音传不到远方。此处以蝉的困厄处境比喻自己仕途曲折,蹉跎难进;受谗言诽谤良多,身陷囹圄,辩词无以传递。诗句委婉,意在言外。

尾联为一句深沉的慨叹:"无人信高洁,谁为表予心。"现在世上无人看重"高洁",又能指望谁来替我平反昭雪呢!这声哀叹,仿佛对苍天呼吁,又像是控诉奸佞,满腔愤懑倾泄而出。

调露元年,高宗到东都大赦天下,骆宾王才得以出狱,但"坐赃"的罪名却和他的"文名"连在一起永远地被载入史册了。这愤恨如何能平消?到敬业起兵伐武,他积

极参与并起草了《讨武曌檄》，
或许原因正在于此。曾经说过：
"问咏物如何始佳？"答："未
易言佳。先勿涉岂犬，一岂犬典
故，二岂犬寄托，三岂犬刻画，
岂犬衬托。去此三者，能成词不
易，矧复能佳，是真佳矣。题中
之精蕴佳，题外之远致尤佳。自
性灵中出佳，自追琢中来亦佳。"
《在狱咏蝉》诗最为突出的特
点，正是"去此三岂犬"。用典
贴切自然，比喻精辟传神，寄情
寓兴深远，这真正是深领题中
之精蕴，又兼得题外之远致，因
此能够成为脍炙人口、千古传
颂的名篇。诗的首联，"西陆"
对"南冠"，"蝉声"对"客思"，
"唱"对"侵"，对仗工整。次联
则换以流水对，上下连贯，前后
两联错落有致。第三联含蓄蕴

藉，富于理趣。尾联用语犀利畅快。尽管有人认为"未免太露"，但精通诗道的骆宾王却认为不如此难以抒胸臆，这种"一吐为快"的风格，正是骆宾王诗歌一贯的特色。

## 在军登城楼

城上风威冷，江中水气寒。

戎衣何日定，歌舞入长安。

弘道元年（683年），唐高宗去世，武则天把持朝政，废中宗（李哲）为庐陵王，立相王（李旦）为睿宗，重用武三思等人，排斥异己，刑法严苛，引起人民不满。不久被贬为柳州司马的大唐宗师李敬业提出"匡复唐室"的口号，在扬州起兵征讨武则天，一时响应者甚众，起兵十来天就纠集了十多万人，震惊了全国。被贬为临海丞的骆宾王也投奔李敬业麾下，任匡复

府的艺文令，负责军中宣传工作。在此期间，他草拟了著名的《代李敬业传檄天下文》（《讨武曌檄》），义愤填膺地历数武则天"近狎邪辟，残害忠良，杀姊屠兄，弑君鸩母"之罪。其中有这样一段话可看做《在军登城楼》诗的注脚："是用气愤风云，志安社稷，因天下之失望，顺宇内之推心。爰举义旗，誓清妖孽，南连百越，北尽三河。铁骑成群，玉轴相接，海陵红粟，仓储之积靡穷。江浦黄旗，匡复之功何远。班声动而北风起，剑气冲而南斗平。喑呜则山岳崩颓，叱咤则风云变色。以此致敌，何敌不摧，以此攻城，何城不

克。"这就是诗人对当时政治、军事形势的分析，也是本诗的创作背景。《在军登城楼》与《讨武曌檄》作于同一时期，可以说是檄文的高度艺术概括。

诗歌以对句起兴，在深秋的一个清晨，诗人登上了广陵城楼，纵目远望，浮思遐想。此刻楼高风急，江雾浓重，风雨潇潇。"城上风威冷，江中水气寒"两句晓畅隽永，看似质朴平易不着笔力。诗人借用了《梁书·元帝纪》中"信与江水同流，气与寒风共愤"的典故，恰到好处地抒发了同仇敌忾的豪情与激愤，充分表现临战前的紧张、肃穆、庄严的气氛和将士们的希望和信心。第三句诗"戎衣何日定"，"何日"意为"总有一天"，以否定式表肯定，必胜之心力透纸背。这句诗借周武王讨伐殷纣王的故事隐喻李敬业讨伐武则天是以有道伐无道，说明"匡复"是正义的，顺应民心、天意的，因此也必定是会胜利的。

诗的最后一句"歌舞入长安",水到渠成轻松自然地作了结尾,表现出诗人必胜的信念及勇往直前、不成功则成仁的彻底反抗精神和大无畏气概。

## (三)骆宾王诗作的历史影响

"鹅、鹅、鹅,曲项向天歌;白毛浮绿水,红掌拨清波。"这是骆宾王7岁时,站在池塘边,面对一群戏水的白鹅,应大人的要求即兴吟鹅。而且这是他不假思索,脱口而出的句子。骆氏的这首涂鸦小诗,易懂好记,朗朗上口,千百年来一直成为中国儿童启蒙的教材。俗话说"三岁看到老,从小知大",父母们从小孩子的举止里,往往能够看到的他们的明天和未来。十多年后骆宾王进入时任豫州刺史道王李元庆(李渊第十六子)府幕。三年间骆宾王凭借自己的文章和忠实,获得李元

庆的喜爱。人生难得遇贤达，更难得上司的重视。可面对难得的升迁机遇，骆宾王的《自叙状》竟文不对题，声称不愿"说己之长，言身之善"，而必要通过建功立业以图进取。其结果自然获得个上司"不奉令，谨状"的批复终被弃置圈外而失落。此后不久，骆宾王就着寒夜青灯，手执十寸狼毫，胸中万种风情，写下了一首首清丽别致的诗作，再度写下他人生的著名的《帝京篇》。骆宾王吟过蝉，不过别人咏蝉在树下、在庭院，而骆宾王的

"咏蝉"则是写于狱中。"西陆蝉声唱，南冠客思侵。那堪玄鬓影，来对白头吟。露重飞难进，风多响易沉。无人信高洁，谁为表予心。"骆宾王这首诗与骆宾王咏鹅诗同样闻名，只不过是没了当初孩童的天真稚气，也不是在池塘边所作，而是创作于不见天日的牢狱之中。他混迹官场十年，位居下僚，官职平平，突然被擢为侍御史，似乎为四杰中最高官阶。但他后来竟然又突然被囚禁，霎时间又失去自由，生死未卜。武后临朝骆宾王是屡屡上书，

定会触动了某些权贵敏感的神经末梢，于是厄运自然就不可避免地降临。

## （四）有关骆宾王的历史争论

《旧唐书·骆宾王传》记载："落魄无行，好与博徒游。高宗末，为长安主簿。坐赃，左迁临海丞……敬业败，伏诛，文多散失。则天素重其文，遣使求之。"但另据《新唐书·骆宾王传》："裴行俭为洮州总管，表掌书奏，不应，调长安主簿。武后时。数上疏言事。下除临海丞……敬业败，宾王亡命，不知所之。中宗时，诏求其文，得数百篇。"同为记述唐朝正史的两本史料竟出现两种截然不同的记载。《旧唐书》对骆宾王整个持否定态度，本身无

行，又因为贪赃不洁，所以坐牢蹲大狱。而《新唐书》对骆宾王的品德没有怀疑。他在咏蝉诗里关于"露重飞难进，风多响易沉"的哀叹，一半是针对自己的无辜与不幸，一半是针对当时的局势。

骆宾王身处逆境仍然心系李唐宗室。仕途上的落寞、政治上的彷徨和胸中的愤懑，终于在一场民间的武装反抗中喷薄而出，化作熊熊烈焰。大将徐世勣（李勣）的孙子李敬业率部在扬州起兵，骆宾王紧紧追随，他竭尽所能，充分发挥在天才儿童时期开始积累的文学语言智慧，负责起草讨伐檄文《代李敬业传檄天下文》：

"伪临朝武氏者，人非温顺，地实寒微。昔充太宗下陈，尝以更衣入侍洎乎晚节，秽乱春宫。密隐先帝之私，阴图后庭之嬖。入门见嫉，蛾眉不肯让人；掩袖工谗，狐媚偏能惑主……一抔之土未干，六

尺之孤安在……请看今日之域中，竟是谁家之天下！称檄州郡，感使知闻。"

骆宾王大声疾呼，檄文尽显其文笔、才情与抱负，铿锵有力，气吞山河，将武则天"包藏祸心，窥窃神器"的种种丑事形容得入木三分，跃然纸上。骆宾王一生性格乃至骨子里充满了正气，路见不平，化笔为枪，讨伐皇天之不义之举。他在《艳情代郭氏答卢照邻》《代女道士王灵妃赠道士李荣》两首诗中，就为两个被遗弃的妇女鸣不平："妾向双流窥石镜，君住三川守玉人""君心不记下山人，妾欲空期上林翼"。见异思迁、不负责任的爱情，即便是发生在好朋友卢照邻身上，在骆宾王眼里，也是不妥的、不可原谅。人们敬重其一生的正直和气节。他的一生，恰如一只洁白无瑕的天鹅，始终怀着理想与激情，为自由的生活，为人间的正义，曲项对天，放声歌唱。有关骆宾王下落的争议如前所述，或死或出家，这里不赘

述。

　　王勃、杨炯、卢照邻、骆宾王，他们崇尚文实，力除齐梁以来骈赋绮丽之余习，开一代风气，虽只为一个过渡，却不能缺少。王勃乃文坛公认的领袖，其家庭以及自身都有良好的条件，幼年早惠，壮年敢争。《滕王阁序》中的"落霞与孤鹜齐飞，秋水共长天一色"乃千古佳句；他的"海内存知己，天涯若比邻"在送别诗中更是名垂千古。杨炯以吏治严酷著称，好像没有特别流行的诗句。但"宁为百夫长，不作一书生"，足够霸气且有大丈夫的意味；"冻水寒伤马，悲风愁杀人"，凄怆雄壮！卢照邻沾巴蜀之灵气，曾仕新都县，其文采直追前人司马相如，有《长安古意》等可佐证。骆宾王在蜀常与卢照邻相唱和，在"四杰"之

中，骆宾王排名虽后自己无争，不遂时风尚。他一生作品数量最多，知名度最高。其咏鹅诗千年以来，中国众多的三岁小儿皆能咏诵，不可不为千家万户所仰仗。其《帝京篇》被推为初唐绝唱，实为长篇歌行之顶，其后的张若虚的《春江花月夜》、白居易的《长恨歌》《琵琶行》，据讲都曾得益于其风的影响。其著名的《讨武曌檄》真可谓檄文之最，骂得精彩，让被骂的武皇都服气于他的才华！"班声动而北风起，剑气冲而南斗平，暗鸣则山岳崩颓，叱咤则风云变色。以此制敌，何敌不摧？以此图功，何功不克？"气吞山河！

"请看今日之域中，竟是谁家之天下！"慷慨激昂！"一抔之土未干，六尺之孤何托？"情文并灿之极，武则天读罢惶然而问："谁为之？"获以宾王对，叹曰："宰相安得失此人？"中宗复位，倾力征收骆文，遂显。

总之，当年四杰，其年纪虽幼，但叱

咤文坛，纵横捭阖；博古论今，光耀千秋；其文才高，但官位卑；诗文汪洋恣肆，人际辗转飘零；文章历千年而不衰，生命极悲苦尚早殒。真乃是"文章千古事，命运两相异"。法眼诚老杜，甚是多赞服，诗云："王杨卢骆当时体，轻薄为文哂未休。尔曹身与命俱灭，不废江河万古流。"意思说"轻薄为文"的时人之评，在历史的长河中本来微不足道，因此只能身名俱灭了，王杨卢骆的文章却如同江河不废，万古流芳！重温骆宾王在狱中的咏蝉诗："露重飞难进，风多响易沉。无人信高洁，谁为表余心？"看看我们的现实之情景，少年人似更应珍视前程，壮年人应奋力拼争，年老人应注重名声，岂不字字箴言，句句意深。